# RAD FAHREN

Ein SPASS VON A BIS Z für Frischluftfanatiker,
Autoverächter, Pedalritter und andere Strampler jeden Alters

Von Josef Ebner
mit Zeichnungen von Horst Wendland

TOMUS

ISBN 3-8231-1654-1



www.tomus.de

BERGAUF

# A

**ABFAHRT** – Horrortrip für jeden erfahrenen Radler. Denn er weiß, dass auf jede Abfahrt ein Anstieg folgt.

**ABGASE** – Würzige Luftbeimengung, die nur von Laien für undefinierbar gehalten wird. Der zum Kenner herangereifte Radfahrer dagegen weiß sehr wohl die feinen Unterschiede herauszuschmecken; etwa zwischen einem 2002er Mercedes-Turbodiesel mit dem beliebten feinen Rußaroma, einem 99er Citroen-Côte-d'Echappement, dessen feinölige Blume einen guten Abgang garantiert, und, als ausgesprochenem Highlight, die gut gelagerte 89er Trabi-Spätzündung.

**ABNEHMEN** – Eigentlicher, teils offen zugegebener, teils verschämt kaschierter Antrieb für viele Radfahrer. Durch entsprechend großzügige Nahrungsaufnahme zwischen den Radtouren versuchen sie, sich diesen Antrieb so lange wie möglich zu erhalten.

**ALKOHOL** – Mäßig genossen, ist er für den Radfahrer auch in größeren Mengen kaum schädlich. Denn im Polizeibericht ist bekanntlich immer nur von Trunkenheit am Steuer die Rede. Daraus folgt, dass Radler gegen Alkohol immun sind. Sollte ein Radfahrer trotzdem ins Schwanken geraten, kann er sich damit trösten, dass er die Ausnahme von der Regel darstellt.

**ALPEN** – Für Mountainbiker errichtetes Trainingsgelände. Andere Nutzer werden ausnahmsweise geduldet.

**ALTER** – Es kommt so unausweichlich auf den (männlichen) Radfahrer zu wie die nächste Steigung. Doch während bei seinem Untersatz die verschlissenen Teile leicht ausgetauscht werden können, ist dies bei ihm selbst mit Schwierigkeiten ver-

GASTHAUS
100 m
ABNEHMEN

bunden. Oft gelingt es jedoch, durch das Tragen besonders farbenprächtiger Trikots und durch die Mitnahme einer jugendfrischen Co-Radlerin diesen Prozess aufzuhalten oder zumindest zu verschleiern.

**AQUAPLANING** – Deutsch: Wasserplanung. Mit diesem Fachausdruck bezeichnet man die genaue Vorausplanung für das bei jeder zweiten Radtour zu erwartende Regenwetter. Also die Mitnahme von Regenmänteln, Gummistiefeln und warmer Unterkleidung sowie die Vorbestellung eines Tisches in einem regendichten Restaurant.

**ASKESE** – Der aus echtem Sportsgeist geborene und in die Tat umgesetzte Entschluss, während der Radtour höchstens einen halben Liter Bier und ein halbes Brathähnchen zu sich zu nehmen.

**ATÜ** – Maßeinheit für Luftdruck. Selbst hier zeigt sich die Überlegenheit des Fahrrads gegenüber dem Auto: Während dessen höchster Luftdruck sich um zwei atü herum bewegt, weist ein Rennradreifen 6–8 atü auf. Wie groß dieser Unterschied ist, kann jeder Rennradler bezeugen, der schon einmal versucht hat, diesen Druck unterwegs mit der Handpumpe zustande zu bringen (denn die Fußpumpe ist natürlich zu Hause geblieben).

**AUFBRUCH** – Es gibt zwei Arten, den theoretischen und den tatsächlichen. Der theoretische wird am Vorabend der geplanten Radwanderung auf, beispielsweise, 8 Uhr festgelegt. Der tatsächliche findet dann eine bis eineinhalb Stunden später statt. Der dazwischen liegende Zeitraum dient der angeregten Diskussion der Teilnehmer über Pünktlichkeit im Allgemeinen und zu spätes Zubettgehen im Besonderen, über rechtzeitiges Planen der Fahrtroute, frühzeitiges Suchen des verlegten Fahrrad-Flickzeugs und vorsorgliches Prüfen des Luftdrucks. Beliebte Gesprächsthemen sind ferner das zu erwartende Wetter und die dementsprechende Kleidung, die Entscheidung zwischen kaltem Kotelett und ebensolchem Brathähnchen als

AQUAPLANING

AUTO

Picknick-Hauptgang sowie, in genereller Betrachtung, die Auswirkungen von weiblicher Unlogik, männlicher Rechthaberei und kindlicher Ungeduld auf den Ablauf des geplanten Freizeitvergnügens.

**AUSDAUER** – Zeit, die es dauert, bis es endgültig aus ist. Zum Beispiel mit der Kondition, mit der guten Laune, dem Proviant oder der Geduld (s. auch „Durchhaltevermögen“).

**AUSGLEICHSSPORT** – Jede körperliche Betätigung, die einen Gegensatz oder eine Ergänzung zu der regelmäßig betriebenen Sportart darstellt. Beim Radfahren zum Beispiel werden die Beine bewegt, während Arme und Oberkörper ruhig bleiben. Der ideale Ausgleichssport muss also eine Betätigung der oberen Körperpartie bei ruhig gestellten Beinen beinhalten – wie zum Beispiel das Kartenspielen.

**AUTO** – Vierrädrige Landplage, die stinkt, Lärm erzeugt, zu viel Platz beansprucht und eine permanente Bedrohung der an den Straßenrand gedrängten Radfahrer darstellt. Sitzt man dagegen selbst am Steuer, sind merkwürdigerweise ganz andere Radler unterwegs: undiszipliniert, sich an keine Verkehrsregeln haltend, im Zickzack zwischen den Autos herumkurvend. Kurz: eine wahre Landplage.

**AUTOMATIK** – Die automatische Schaltung ist angeblich beim Radeln das Neueste. Manche meinen allerdings, sie wäre das Letzte.

**AUTOSUGGESTION** – 1. Versuch, durch hypnotisches Anstarren von Autos beziehungsweise deren Fahrern diesen zu suggerieren, Radler seien gleichwertige Verkehrsteilnehmer.
2. Bestandteil des so genannten mentalen Trainings. Damit ist gemeint, dass man die bevorstehende sportliche Leistung geistig vorwegnimmt und sich durch das innere, autogene Vorsprechen bestimmter Vorsätze darauf vorbereitet. Hier einige Beispiele solcher Vorsätze, die jeweils mindestens zehnmal wie-

BAUCH

derholt werden müssen: „Ich fahre locker und leicht und hab das Wirtshaus schnell erreicht.“ Oder: „Gegenwind und lange Strecken können mich partout nicht schrecken.“ Vielleicht auch: „Ist der Anstieg noch so steil, ich finde Radeln einfach geil.“ Oder gar: „Ich pedalier und pedalier – erst dann gibt‘s ein Bier.“

# B

**BAUCH** – Der Radfahrer hat keinen! Was sich da rundet und den Blick auf die Pedale versperrt, sind die durch die gebeugte Haltung nach vorne gewölbten Muskeln.

**BEKLEIDUNG** – Sie ist Ausdruck der inneren Einstellung des Radfahrers. Anders ausgedrückt: So, wie er/sie sich fühlt, so sieht er/sie auch aus. Daher die supersportlichen, farbenprächtigen Outfits mit den großen Werbelogos bei den einen und der etwas weniger auffallende, funktionelle Dress bei den anderen. Aus all dem können jedoch keine Schlüsse auf die tatsächliche Leistung der so Gewandeten gezogen werden.

**BERG** – Lästige Landschaftsausbuchtung, die meist die unangenehme Eigenschaft aufweist, dass die Straße nicht um sie herum, sondern über sie hinüber führt.

**BLAUE, FAHRT INS** – Bezeichnung für einen Gruppen-Radausflug, zu dem kein Teilnehmer eine Karte mitgenommen hat, weil jeder der Meinung war, die anderen würden sich schon auskennen. Der wahre Sachverhalt stellt sich meist irgendwo in Wald und Flur heraus, wo außer ein paar Kühen weit und breit niemand zu sehen ist, den man nach dem Weg fragen könnte.

**BREMSBACKEN** – Vorrichtung zur Reduzierung einer Bewegung mittels Reibung. Es gibt zwei Arten von Bremsbacken. Die einen bestehen aus Hartgummi und werden gegen

RRRATZ
BREMSBACKEN

die Felge gepresst. Die anderen befinden sich knapp über dem Sattel und werden gegen den Asphalt geklatscht. Ihr Einsatz ist nur für Notfälle zu empfehlen.

**BÜRO** – Radfahrer-Zielort an Werktagen. Manche hören allerdings mit dem Radfahren auch bei der Arbeit nicht auf.

# C

**CELSIUS** – Er hieß mit Vornamen Anders (wirklich!), war Astronom und Schwede (1701–1744) und erfand die Temperatur, die beim Radfahren grundsätzlich zu hoch oder zu niedrig ist.

**CHAMPAGNER** – Flüssigkeit, mit der sich, wie aus zahlreichen Fernsehreportagen bekannt, siegreiche Rennfahrer Kopf und Kehle zu erfrischen pflegen. Wird im Freizeitsport durch Schorle ersetzt.

**CHEMIE** – Siehe „Ernährung“.

**CHRISTKIND** – Es bringt alle Jahre wieder neue Radwanderführer (zu den vier oder fünfen, die man bereits hat), atmungsaktive Socken oder eine bunte Mütze, weigert sich jedoch beharrlich, das neue Fahrrad zu liefern, das man viel dringender brauchte.

**CROSSRAD** – Landrover des kleinen Mannes.

# D

**DAMENFAHRRAD** – Fahrrad, das in der Mitte einen Notausgang hat.

**DOCHTPRINZIP** – Bestimmte synthetische Textilien haben die Eigenschaft, den Schweiß aufzunehmen und nach außen weiterzuleiten. Das Unterhemd gibt ihn also an das erste Trikot weiter, das erste Trikot an das zweite, dieses an den Pulli, der Pulli an die Jacke –und so weiter und so weiter. Die Hauptsache bei diesem Prinzip ist nämlich, dass immer eine neue Stoffschicht den von der darunter liegenden weitergereichten Schweiß aufnimmt.

**DOPING** – Leistungssteigerung durch Einnahme von Aufputschmitteln. Jeder Radfahrer hat hier seine speziellen Rezepte. Was dem einen sein Erdbeerkuchen mit Schlagsahne, ist dem anderen sein Ginseng-Pulver. Siehe auch „Nahrung“.

**DRAISINE** – Ehefrau von Karl Freiherr Drais von Sauerbronn (1785–1851), der den Vorläufer des Fahrrads erfand und ihn nach seiner Frau benannte.

**DREIER-KETTENBLATT** – Bei Mountain-, City-, Trekking- und sonstigen Wald-und-Wiesen-Bikes längst als normal empfundene Möglichkeit, auch steilere Berge durch Schnellstrampeln zu bezwingen. Unter Rennradlern ist das dritte, kleinste Blatt dagegen immer noch umstritten. Während die einen es als unsportlich ablehnen, schaffen andere sich nach dem ersten Beinahe-Infarkt ein Rad mit so einem Dreierblatt an und erklären leicht verschämt, ein anderes Modell wäre leider nicht zu haben gewesen. Diese Scham verfliegt allerdings schnell, wenn sie das erste Mal an einer 12-Prozent-Steigung locker an einem der sportlichen Rennradler vorbeiziehen.

**DURCHHALTEVERMÖGEN** – Es hängt eng mit der so genannten Kondition zusammen (von „conditio sine qua non“= die Kondition sinkt quasi auf null). Gemeint ist das Vermögen des Radfahrers, trotz seiner unzureichenden körperlichen Verfassung möglichst lange durchzuhalten.

**DURST** – Jedem Radler bekanntes Gefühl, noch häufiger auftretend als Muskelkater, aber mit einem bedeutsamen Unterschied: Man kann

CROSSRAD

etwas dagegen tun. Es soll Radler geben, die ihren Sport nur betreiben, um dieses Gefühl zum Verschwinden bringen zu können.

# E

**EDISON, THOMAS ALVA** – Er lebte von 1847 bis 1931 und machte zahlreiche wichtige Erfindungen (u.a. den Phonographen, die Dampfmaschine mit Generator und die Glühlampe) –mit dem Fahrrad hatte er jedoch erstaunlicherweise nichts am Hut.

**EHEFRAU** – Durch das geleistete Jawort zum immer währenden Hinterherfahren verpflichtete Radlerin.

**EHRGEFÜHL** – Das des Rennradfahrers betrifft vor allem die sich ihm entgegenstellenden Steigungen. Er steigt und steigt nicht ab, und wenn es noch so steil ist. Deshalb planen auch alle Rennradler ihre Strecke vorher ganz genau; nur so können sie unerwartete und schwer bezwingbare Anstiege und den damit verbundenen drohenden Ehrverlust vermeiden (siehe auch „Schieben").

**EINSTELLUNG** – Die des Fahrrads ergibt sich aus dem sinnvollen Zusammenspiel von Rahmenhöhe, Tretkurbellänge, Vorbaumaß, Sattelhöhe und Gewicht. Passt dann endlich alles, kommt es nur noch auf die Einstellung des Fahrers an. Die ergibt sich aus dem sinnvollen Zusammenspiel von Muskelkraft, Ehrgeiz, Ausgeschlafenheit und erfolgreicher Zähmung des inneren Schweinehundes.

**ENDSPURT** – Letztes Aufflackern der Lebensgeister vor dem endgültigen Abschlaffen. Die Motivation ist beim zivilen und beim sportlichen Radfahrer die gleiche: Endlich Schluss mit der Quälerei!

**ENERGIE** – Mit diesem Begriff wird in

...FÜR UNTERWEGS!
DURST

der Physik die Fähigkeit eines Systems bezeichnet, Arbeit zu verrichten. Da der Radfahrer jedoch ein Radfahrer und kein System ist und er auch keine Arbeit leistet, sondern sich nur zu seinem Vergnügen plagt, treffen diese physikalischen Gesetze auf ihn nicht zu.

Schon eher anwendbar ist da der so genannte Energieerhaltungssatz, der besagt, dass Energie grundsätzlich nicht verloren geht, sondern nur in andere Erscheinungsformen umgewandelt wird –beispielsweise Bewegung in Wärme. Ein praktisches Beispiel: Die in einem Müsli plus Rühreier mit Schinken enthaltene Energie wird in Muskelenergie umgewandelt und diese wiederum in kreisförmige Beinbewegung und Wärme. Der nach einer bestimmten zurückgelegten Wegstrecke verbleibende Rest reicht dann gerade noch zum Hochheben eines Bierkrugs und Halten von Messer und Gabel, womit eine neuerliche Energiezufuhr eingeleitet wird.

**ERKÄLTUNG** – Sie entsteht, wenn man sich in Zugluft begibt. Da Radfahrer jedoch nicht ihr, sondern dem Fahrtwind ausgesetzt sind, erkälten sie sich auch nicht. Es sei denn, sie werden durch unkontrolliert herumschwirrende Schnupfenviren infiziert.

**ESKIMO** – Eigensinnige Rasse, die sich unerklärlicherweise bis heute weigert, das Radfahren als Freizeitbeschäftigung zu akzeptieren.

**EXTREM** – Alles, was die eigene Leistungsfähigkeit übersteigt; insofern eine eher abschätzige Bemerkung. Wird man dagegen selbst als „extrem“ bezeichnet, gilt dies als bewundernde Anerkennung.

# F

**FAHRERFLUCHT** – Schuldhaftes und vorzeitiges Entfernen vom Unfallort. Um strafrechtliche Konsequenzen

ENDSPURT

zu vermeiden, muss jeder Radfahrer bei dem von ihm zu Schrott gefahrenen Auto so lange verweilen, bis dieses abgeschleppt ist.

**FAHRRAD** – Trotz der Erfindung von Ottomotor und Düsenantrieb noch immer nicht verschwundenes archaisches Verkehrsmittel.

**FAHRRAD-COMPUTER** – Er teilt dem Radfahrer alles mit, was dieser glaubt wissen zu müssen. Die augenblickliche Geschwindigkeit natürlich, darüber hinaus aber auch noch die Tageskilometer, die insgesamt gefahrenen Kilometer, die beim letzten todesmutigen Bergabfahren erreichte Höchstgeschwindigkeit, die Puls- und die Trittfrequenz. Um all das regelmäßig ablesen zu können, braucht man nur entsprechend oft auf den entsprechenden Knopf zu drücken. Kein Wunder, dass man vor lauter Drücken kaum mehr zum Fahren kommt. In Vorbereitung sind Computer, die per GPS-Peilung auch den genauen Weg zum nächsten Wirtshaus angeben.

**FAKIR** – Zwischenstufe auf dem Weg zum vollkommenen Rennradfahrer oder Mountainbiker. Wer ein indisches Nagelbett erträgt, hat gute Chancen, auch das mehrstündige Sitzen auf einem der schmalen, harten Sättel zu überstehen.

**FALL, FREIER** – Galileo Galilei entdeckte das Gesetz des freien Falls, wonach jeder Radfahrer, der sein Rad ungewollt verlässt, sofort eine gleichförmig beschleunigte Bewegung in Richtung Erdmittelpunkt beginnt, die an der Erdoberfläche ihr plötzliches Ende findet. Die Beschleunigung, ganz gleich ob es sich um einen katholischen oder protestantischen Radfahrer handelt, beträgt dabei 9,81 Meter pro Sekunde.

**FAMILIE** – Wochenend-Fahrgemeinschaft, die durch die Tatsache, dass sich der Proviant für alle auf dem Gepäckträger nur eines Familienmitglieds befindet, zusammengehalten wird. Bei Differenzen über die einzuschlagende Fahrtrichtung gibt der Teilnehmer mit dem größten

...ÜBEN!
MADE IN INDIA
FAKIR

FLIEGEN

Orientierungsvermögen den Ausschlag. Gemäß Gewohnheitsrecht ist dies der Familienvater. Erst wenn er sich gründlich verfranzt hat, darf der die Richtung angeben, der sich wirklich am besten auskennt.

**FERTIG** – Meist im Zusammenhang mit „fix und...“ gebraucht: Zustand des Radfahrers nach Zurücklegen der halben geplanten Wegstrecke.

**FIT** – ... sein bedeutet schlank, sportlich, ausdauernd, leistungsfähig und attraktiv sein und genug Geld haben, um sich dieses aufreibende Programm auch leisten zu können.

**FLASCHE** – Sie kann sich am Rad befinden. Dann ist sie aus Kunststoff und enthält Tee, Fruchtsaft, einen Mineraldrink oder anderes Nichtalkoholisches. Oder sie kann auf dem Rad sitzen. Dann enthält sie meist Alkoholisches und wirkt sich durch extremes Langsam- oder Schnellfahren, durch unvermutete Manöver und blöde Bemerkungen ausgesprochen störend auf den Verkehrsfluss aus.

**FLIEGEN** – 1. Insekten, die vorzugsweise in Höhe von Radfahrerköpfen herumschwirren.
2. Fortbewegungsweise des Radfahrers nach einer zu schnell genommenen Kurve.

**FOTO** – Lichtbild, das den Radfahrer nie so zeigt, wie er nach seiner Meinung wirklich ist. Denn entweder ist er beim Fahren fotografiert –dann ist er unscharf und nur noch zur Hälfte am rechten Bildrand zu sehen. Oder er fährt nicht und stellt sich neben sein Fahrrad –dann erkennt keiner, wie schnell er sein kann.

**FREIHÄNDIG** – Fahrweise, bei der beide Hände vom Lenker genommen werden, um die Haare zurückzustreichen, die Mütze zurechtzurücken oder einfach fahrerisches Können zu demonstrieren. Im Anschluss daran werden sie (die Hände) oft gebraucht, um die Fallgeschwindigkeit (s. „Fall, freier“) abzubremsen.

**FREIHEIT** – Zustand der völligen Unabhängigkeit von allen Zwängen. Also zum Beispiel vom Zwang, am

Sonntagmorgen früh aufzustehen, das Fahrrad aufzupumpen und, zusammen mit Legionen Gleichgesinnter, schwitzend über Berg und Tal zu fahren. Auch vom Zwang, das alles ungeheuer schön und erholsam und gesund zu finden. Daraus ergibt sich ganz klar, dass der Radfahrer nur unter einer Voraussetzung das Gefühl wahrer Freiheit verspüren kann: wenn ihm sein Fahrrad geklaut worden ist.

**FREIZEIT** – Zeitraum, in dem man das tun kann, was man gerne tun möchte. Also fernsehen, Karten spielen, gemütlich einen heben und andere geruhsame Verrichtungen. Leider kommt man nur selten dazu (siehe auch „Freiheit“).

**FUSSGÄNGERZONE** – Straße, in der Autos nicht fahren dürfen und die deshalb für Radfahrer ideal ist. Störend wirken sich nur die vielen Menschen aus, die dort immer zu Fuß unterwegs sind.

# G

**GANG** – Während der Autofahrer in der Regel fünf, maximal sechs Gänge zur Verfügung hat, kann der sportliche Radler mit bis zu 27 aufwarten. Der, den er gerade braucht, ist jedoch fast nie darunter.

**GEFÄLLE** – Straßenstück, in dem die Gefahr des Hitzschlages oder Herzinfarkts durch die Gefahr des Sturzes wegen zu schnell durchraster Kurven oder versagender Bremsen abgelöst wird. Manche Radfahrer wollen dies nicht wahrhaben; ihretwegen entstand das bekannte Sprichwort „Hochmut kommt vor dem Gefälle“.

**GEHEN** – Frühe menschliche Fortbewegungsart, die seit der Erfindung des Rades überholt, merkwürdiger-

GEHEN

weise jedoch noch immer nicht verschwunden ist.

**GEPÄCK** – Es wird bei den Ausflugsradlern auf dem dafür vorgesehenen Träger transportiert und besteht aus überflüssigen Pullovern, unnötiger Sonnencreme, aufgeweichten belegten Broten und vergessener Regenbekleidung.
Der sportliche oder sich dafür haltende Radler verstaut es dagegen im schicken Rucksack. Der drückt zwar und regt die Transpiration an, aber er ist halt, das richtige Label vorausgesetzt, voll angesagt. Und dann gibt es noch die Fahrer mit den riesigen Gepäcktaschen rechts und links, die aussehen, als wären sie in die Mongolei unterwegs. Dass sie nur bis zum nächsten Badesee fahren, um dort den Satteltaschen eine komplette Grillausrüstung zu entnehmen, geht schließlich keinen etwas an.

**GESCHWINDIGKEIT** – Also wenn man sich mal vorstellt, dass die Erde sich täglich einmal um sich selbst dreht, dass sie mit rund 10728 km/h um die Sonne kreist, dass das Sonnensystem wiederum mit 78120 km/h um das Zentrum der Milchstraße herumeiert, dass diese ihrerseits mit einem echt sagenhaften Wahnsinnszahn quer durchs Weltall donnert – also Freunde, da fragt man sich doch, was soll all das Gerede und Gerechne, ob man nun mit 18 oder 21 km/h von seiner Wohnung zum nächsten Badesee gestrampelt ist. Nee, also wirklich ...!

**GESUNDHEIT** – Sie ist bekanntlich das Wichtigste. Im Leben im Allgemeinen und beim Radfahren im Besonderen. Die gesundheitlichen Vorteile des Radfahrens sind in der Tat so umfassend, dass sie hier nicht im Einzelnen aufgeführt werden können. Alles Wissenswerte hierüber kann man jedoch in jedem Lexikon nachlesen etwa unter den Stichworten Bindehautentzündung, Muskelzerrung, Blasenkatarrh, Hautabschürfung, Sonnenbrand, Hexenschuss, Kreislaufschwäche.

**GEWICHT** – 1. Des Fahrers: Es wird als umso störender empfunden, je

# GESCHWINDIGKEIT

GRUPPENFAHRT

höher es ist. Dabei hat es, Kilo für Kilo, eine Menge Geld gekostet. Um es wieder loszuwerden, ist er zu mancherlei Opfern bereit, sogar zum Radfahren.

2. Des Rades: Vor allem bei Rennrädern und Mountainbikes ist es Gegenstand fetischhafter Verehrung. Da wird mit jedem Gramm gerechnet und gegeizt, werden die Vorzüge und Nachteile von Titan, Duraluminium und Kunststoff gegeneinander aufgerechnet.

Im Gegensatz zum Fahrer wird das Rad umso teurer, je leichter es ist; ein Kilo weniger kommt da leicht auf 500 Euro mehr. Aber wer sich seinen Bauch was kosten lässt, der lässt sich auch beim Rennrad nicht lumpen. Wie er dann darauf aussieht, ist allerdings eine andere Frage.

**GLEICHBERECHTIGUNG** – Sie ist in Radfahrerkreisen voll verwirklicht. Mal fährt er voraus und sie hintendrein, mal bleibt sie zurück und lässt ihn vorfahren. Auch was das Gepäck angeht, herrscht Gleichberechtigung: Der Radler überlässt der Radlerin hochherzig mindestens die Hälfte davon.

**GLUKOSE** – Vornehmer Name für Traubenzucker. Das Gehirn zum Beispiel ernährt sich fast ausschließlich von Glukose. Doch dafür braucht der Radfahrer diesen Stoff weniger. Ihm kommt es vor allem auf den Blutzuckerspiegel an, denn davon ist wiederum die Leistung abhängig. Als besonders gute Leistungs-Pusher gelten unter Radfahrern kühles Bier, Schweinshaxe, Brathähnchen und Wiener Schnitzel.

**GRUPPENFAHRT** – Gemeinsamer Radausflug nach Geschlecht und Alter unterschiedlicher Menschen. Sinn und Zweck einer solchen Fahrt ist das harmonische Miteinander, das Aufeinander-Eingehen, auch die zwischenmenschliche Wärme, das gemeinsame Erleben von Natur und Umwelt. Dazu tragen alle bei. Zum Beispiel der Teilnehmer, der jeweils nach drei Kilometern sein Hinterrad neu aufpumpen muss. Oder der, der eine halbe Stunde nach Antritt der Fahrt feststellt, dass das Haus seiner Tante, die mit dem selbst gebackenen Apfelkuchen auf sie wartet, in einer ganz anderen Richtung liegt. Auch der Besitzer eines flotten Rennrads, der immer wieder kilometerweit vorausprescht, hat gebührenden Anteil am Gelingen des Unternehmens, ebenso wie die Teilnehmerin, die unentwegt nach Häslein und Rehlein Ausschau hält und der Gruppe dadurch das verbindende Erlebnis eines Massensturzes beschert.

**GRUSS** – Sportliche Radfahrer begrüßen sich gelegentlich durch ein kurzes, lässiges Handzeichen oder ein gekeuchtes, meist unverständliches Grußwort. Zivile Radfahrer, so sie einem sportlichen im Renndress begegnen, sollten dies jedoch unterlassen. Als Erwiderung ernten sie nämlich höchstens einen mitleidigen Blick und die Bemerkung: „Wofür hält der sich denn?“

# H

**HAFTPFLICHTVERSICHERUNG** – Ein unbedingtes Muss für Kraftfahrer und Fußgänger, da sie grundsätzlich an allem schuld sind. Deshalb für Radfahrer entbehrlich.

**HANDY** – Praktisches Gerät, bestens dazu geeignet, die Fahrt durch entspanntes Geplauder abwechslungsreich zu gestalten. Eine Hand am Ohr, die andere am Lenker oder freihändig in die Hüfte gestemmt, so lassen sich alle Kurven einwandfrei bezwingen. Und sollte man trotzdem einmal den Radius nicht ganz schaffen, so kann man wenigstens gleich die Nummer des Notarztes eintippen. Wenn man noch kann.

**HANDZEICHEN** – Da weder Radfahrer noch Fahrrad über Blinkleuchten

HOME-TRAINER

**IDEALLINIE**

verfügen, muss eine Richtungsänderung mit Handzeichen angekündigt werden. Es genügt, den Arm seitlich auszustrecken, dann kann man, ohne sich umzusehen, in die betreffende Richtung abbiegen. Diese Methode funktioniert immer. Seltene Ausnahmen sind in der Zeitung unter der Überschrift „Tragischer Unfall“ nachzulesen.

**HITZE** – Beim Radfahren als unangenehm empfundene zu hohe Temperatur. Tritt in etwa 50% aller Fälle auf (siehe auch „Kälte“).

**HOLLAND-RAD** – Hohes Gewicht und ein nicht zu verachtender Individualisten-Touch kennzeichnen es. Wer sich eines kauft, sollte auch gutes Schuhwerk nicht vergessen, um dem schon bei leichten Steigungen nötigen Schieben gewachsen zu sein.

**HOME-TRAINER** – Der Höhepunkt der Fahrrad-Entwicklung. Einziges Sportgerät, das man notfalls auch im Pyjama benutzen kann. Hat ferner den unschätzbaren Vorteil, dass man, wie lange man auch damit fährt, nie weiter als 4,8 Meter vom nächsten Kühlschrank entfernt ist.

# I

**IDEALLINIE** – Die (gedachte) Linie, auf der man am schnellsten eine Kurve durchfahren kann. Die idealste Linie ist natürlich die Gerade, denn sie ist, wie wir in der Mathematik gelernt haben, die kürzeste Verbindung zweier Punkte. Ein wirklich sportlicher Radfahrer hat das im Gefühl, und auf der Suche nach dieser Linie schreckt er auch vor Bäumen, Straßengräben und anderen Hindernissen nicht zurück.

**IMBISS** – Integrierter Bestandteil jeder Radtour. Seine Zusammensetzung sowie die Planung der für seine Einnahme vorgesehenen Pausen sind mindestens ebenso wichtig wie das Festlegen der vorgesehenen Fahrstrecke (siehe auch „Intervalltraining“). Denn jedes Kind weiß schließlich, dass nur dann Power abgeht, wenn man vorher welche einfährt.

**INFARKT** – Der schwarze Mann, vor dem man sich fürchtet und vor dem man davonfährt. Der Kerl ist aber auch ganz schön schnell.

**INTERVALLTRAINING** – Seit vielen Jahren bekannte Trainingsmethode. Sportmediziner haben bewiesen, dass sich der Effekt des Trainings steigern lässt, wenn es in regelmäßigen Abständen von Erholungspausen unterbrochen wird. In Radfahrerkreisen wurde diese Erkenntnis inzwischen weiterentwickelt. Dabei stellte sich heraus, dass vor allem die Dauer der Erholungspausen eine wesentliche Rolle spielt: je länger die Pausen, desto größer das körperliche Wohlbefinden. Als vorerst günstigste Pausen-Trainings-Relation hat sich ein Verhältnis von fünfzig zu fünfzig herausgestellt. Aber die Forschungen gehen weiter! Gerade wird ein viel versprechendes Trainingsmodell erprobt, bei dem eine einzige mehrstündige Pause von kurzen Radfahr-Einschüben unterbrochen wird.

**INVASION** – Sonntägliches Treffen von Radfahrern an einer Ausflugsgaststätte, die jedem von ihnen als Geheimtipp bekannt ist.

# K

**KALORIEN** – Es gibt keine Kalorien mehr, sondern nur noch Joule. Und was das bedeutet, weiß sowieso keiner.

**KÄLTE** – Beim Radfahren als unangenehm empfundene zu niedrige Temperatur. Tritt in etwa 50% aller Fälle auf (siehe auch „Hitze“).

**KATER** – 1. In den Muskeln: Schmerz-

KATER

hafte Folge einer das Leistungsvermögen übersteigenden körperlichen Betätigung. Wird manchmal mit Alkohol (äußerlich) behandelt.
2. Im Kopf: Schmerzhafte Folge einer das Fassungsvermögen übersteigenden, falsch verstandenen Muskelkater-Behandlung (innerlich).

**KATZENAUGE** – Überdimensionales Hühnerauge.

**KLAPPRAD** – Gerät, das man im Kofferraum mit sich führt, um damit dreimal um den Parkplatz zu fahren.

**KONSTITUTION** – Grundlage für das Funktionieren aller Organe, sowohl beim Staat als auch im menschlichen Körper. Weist die Konstitution Mängel auf, wird in beiden Fällen ein Gericht benötigt: beim Staat das Verfassungsgericht, beim Menschen das Leibgericht.

**KURVE** – Hat viele Gemeinsamkeiten mit einem Bett. In beide muss man sich hineinlegen und fliegt hinaus, wenn man zu rasant ist.

# L

**LANDKARTE** – Faltbares Stück Papier voller wirrer Linien und unentzifferbarer Zeichen. Dient theoretisch dazu, sich in der freien Natur zu orientieren, was jedoch dadurch erschwert wird, dass darauf nie der augenblickliche Standort angegeben ist. Hat man diesen wirklich entdeckt, zeigt sich, dass die Richtungen auf der Karte nicht mit den tatsächlichen übereinstimmen. Am besten ist es in solchen Fällen, sich den Weg von einem Ortsansässigen zeigen zu lassen und ihm zum Dank dafür die Karte zu schenken.

**LEERLAUF** – Zustand, in dem das Fahrrad antriebslos, das heißt ohne den Einsatz menschlicher Muskelkraft voranrollt. Merkwürdigerweise leugnen viele Radfahrer die An-

**LUFT**

MARKE

nehmlichkeit dieses Zustands und geben vor, nur im strapaziösen Treten liege der eigentliche Sinn ihres Sports. Ihre wahren Empfindungen sind jedoch an den Blicken zu erkennen, die sie an Steigungen vorbeibrausenden Motorradfahrern hinterherwerfen.

**LEISETRETER** – Ruhiger Radler.

**LIEGERAD** – Fortbewegungsmittel für Leute, die auch beim Sport ihre bequeme Fernsehsessel-Position nicht aufgeben wollen.

**LORDOSE** – Rückgratverkrümmung nach vorn; steht mit Rad fahren in keinerlei Zusammenhang.

**LOURDES** – Therapie-Ort nach Beendigung der orthopädischen Behandlung.

**LUFT** – Man unterscheidet zwei Arten von Luft:
a) im Reifen,
b) außerhalb des Reifens.
Die unter a) genannte Luft hat die ständige Tendenz, sich mit der unter b) genannten zu vereinen. Eine sichere Fahrt ist nur bei Verhütung dieser Vereinigung möglich. Als Verhütungsmittel dient schlauchförmiger Gummi.

**LUFTWIDERSTAND** – Jeder Autofahrer kennt die Bedeutung des Luftwiderstands für Geschwindigkeit und Kraftstoffverbrauch. Vergleichbares gilt auch für den Radfahrer. Der Stromlinienform sind hier jedoch Grenzen gesetzt. Vornüber gebeugte Haltung und angelegte Ohren vermögen den cw-Wert nur unwesentlich zu erhöhen. Zum Glück konnte dieses Problem jetzt auf andere Weise gelöst werden. Intensive Forschungen haben nämlich gezeigt, dass der Luftwiderstand umso größer ist, je schneller man sich vorwärts bewegt. Der Umkehrschluss ergibt ganz logisch, dass er bei Verlangsamung sinkt. Viele Radfahrer beherzigen bereits diese Erkenntnis, fahren so langsam wie möglich und vermeiden dadurch jeglichen Luftwiderstand.

MISCHEHE

# M

**MALLORCA** – Mittelmeerinsel mit wunderschönen, schon zu Ostern befahrbaren Gebirgsstraßen und -pässen, auf der es irgendwo auch ein paar Strände geben soll.

**MARKE** – Statussymbol des Rennradlers oder Mountainbikers. Was dem Autofahrer sein dreizackiger Stern, seine weißblaue Raute oder sein springendes Raubtier, das ist dem Rennrad-Besitzer der in großen Lettern auf den Rahmen gepinselte Markenname; vorzugsweise ein italienischer oder französischer, aber es gibt auch ein paar deutsche, japanische oder amerikanische, mit denen man noch zur Upperclass gehört. Natürlich kosten diese edlen Geräte ziemlich viel Geld, was bedeutet, dass viele Radler sie sich erst dann kaufen können, wenn sie über das erste Gipfelstürmer-Alter bereits hinaus sind. Aber wenn schon Lunge und Kreislauf nicht mehr absolute Spitze sind, dann muss es eben das Rad sein, das ist doch irgendwie logisch!

**MECHANIKER** – Mit geheimnisvollen Zauberkräften ausgestatteter Werktätiger, der mit wenigen Handgriffen das wieder in Ordnung bringt, was man in stundenlanger Arbeit vermurkst hat.

**MENISKUS** – Knorpel, von dem Radfahrer oft fälschlicherweise annehmen, er komme nur in Fußballerbeinen vor und auch das nur, um irgendwann einmal operativ entfernt zu werden.
Erst regelmäßiges Radtraining belehrt sie eines Besseren.

**METEOROLOGIE** – Wissenschaft, die ihre Vorhersage des kommenden Wetters aus der Flugbahn der Meteore ableitet. Da diese Flugbahnen nur ungenügend erforscht sind, ergibt sich bei solchen Prophezeiun-

MUT

gen zwangsläufig ein großer Unsicherheitsfaktor.

**MISCHEHE** – Partnerschaftliche Gemeinsamkeit eines Rennradlers mit einer Tourenrad-Fahrerin (umgekehrte Fälle sind eher selten). Die beste Möglichkeit, einen längeren Bestand dieser Verbindung zu sichern, besteht darin, dass einer der beiden zur Glaubensrichtung des anderen konvertiert. Ansonsten kommt es vor allem auf gegenseitige Rücksichtnahme an. So sollte zum Beispiel der Rennradler, der am Gipfelpunkt einer Steigung auf seine Begleiterin wartet, nicht gleich weiterfahren, wenn sie angekeucht kommt, sondern ihr großherzig eine kurze Rast gewähren. Und sie sollte sich keineswegs abfällig über diese Schinderei äußern, sondern frohgemut nach Luft japsend und lächelnd zur Weiterfahrt drängen.

**MODE** – Radfahrer sind immun dagegen. All die bunten Trikots, die glänzenden Hosen, flotten Mützen werden ausschließlich aus sportlichen Motiven hergestellt und gekauft.

**MORAL** – siehe „Schweinehund, innerer“.

**MOUNTAINBIKE** – Fahrradtyp für alle, denen es zu langweilig ist, auf einen Berg zu steigen und dabei nur einen Rucksack zu tragen. Jetzt steigen sie auf den Berg und tragen ein ganzes Fahrrad über der Schulter. Denn allen Werbesprüchen zum Trotz: Klettern kann das Mountainbike noch immer nicht. Seine ganze Stärke zeigt es dafür bei der Abfahrt, in Fachkreisen Downhillrace genannt. Hier vermag es dem Biker geradezu Flügel zu verleihen. Dann nämlich, wenn es gegen einen Felsen donnert und der Biker allein weiter talwärts segelt.

**MUSKELN** – Körpergewebe, das im aktiven Betrieb auf der Landstraße nie das hält, was es zu Hause vor dem Spiegel versprochen hat.

**MUT** – Unerlässliche Charaktereigenschaft, um angesichts einer längeren Steigung den Entschluss zur Umkehr fassen zu können.

# N

**NACHWUCHS** – Zuerst zieht man ihn im wimpelbewehrten Wägelchen hinter sich her, dann bringt man ihm das selbstständige Fahren bei, zeigt ihm später bei gemeinsamen Ausflügen, worauf es ankommt bei so einer sportlichen Tour – um ihm schließlich, wieder ein paar Jahre später, frustriert hinterher zu sehen, wenn er leichtfüßig davonzieht.

**NAGEL** – Metallener, meist auf Radwegen anzutreffender Gegenstand, dazu bestimmt, sich in Reifen zu bohren und so für Abwechslung bei der Radtour zu sorgen. Wird gelegentlich auch dazu verwendet, Bilder an der Wand zu befestigen.

**NAHRUNG** – Vitamine und Spurenelemente, Energiebarren und Powerdrinks, Protokost und Aufbaukonzentrate – der moderne, fitnessorientierte Radfahrer weiß, was er seinem Körper schuldig ist. Und er hat nur Verachtung übrig für die anderen, die gewöhnlichen Wochenend- und Freizeitradler, deren Nahrung die ganze Bandbreite zwischen Pizza, Spareribs, Kartoffelpuffer und Erdbeerkuchen mit Sahne umfasst. Und wenn dann an einer Sechsprozentsteigung einer von diesen Schnitzel-gedopten Stramplern an ihm vorbeizieht, dann hat er eben nur seinen Ernährungsplan noch nicht optimal zusammengestellt. Denkt er.

# O

**ÖLUNG** – 1. Des Fahrrads: Wichtige Prozedur, um das reibungslose Funktionieren aller wichtigen Teile, insbesondere das harmonische

ÖLUNG

PANNE

Überwechseln der Kette von einem zum anderen Zahnkranz zu gewährleisten.
2. Des Menschen (auch Letzte Ö. genannt): Wichtige Prozedur, um das harmonische Überwechseln der Seele von einem zu einem anderen Daseinszustand zu gewährleisten.

**ORGANISMUS** – Die Gesamtheit dessen, was den Radfahrer zum Radfahren befähigt. Ohne Organismus kein Radfahrer. Also sollte der Radfahrer ihn immer bei sich haben.

**ORIENTIERUNGSSINN** – Eine für jeden Radler unerlässliche Fähigkeit. Sie ermöglicht es ihm, den Weg zum weit entfernten Futterplatz, genannt „Ausflugsgaststätte", und von dort wieder nach Hause zu finden. Nach neuesten Testreihen von anerkannten Ornithologen liegen hier offensichtlich Parallelen zum O. der Zugvögel vor.

**ORTHOPÄDE** – Moderner Medizinmann, spezialisiert auf die Beseitigung von Schäden, die von zu stark gesundheitsbetontem Radfahren hervorgerufen werden. Als Heil- und Zaubermittel praktiziert er beispielsweise das Einpacken schmerzender Stellen in heißen Schlamm, genannt Fango. Der Name geht auf den italienischen Professor Giuseppe Fango zurück, der vor etwa einhundert Jahren sah, wie ein von Gicht geplagter Rentner bei Neapel in ein Loch mit heißem vulkanischen Schlamm fiel und so behende wieder herauskletterte, dass der Professor blitzartig die heilende Wirkung der heißen Pampe erkannte.
Außerdem verwendet der Orthopäde noch so geheimnisvolle Mittel wie Interferenzströme, Ultraschall und vor allem suggestives Besprechen, etwa mit den Worten „Das kriegen wir schnell wieder hin" – bevor er eine zwölfwöchige Intensivbehandlung anordnet (siehe auch „Lourdes").

und nimmt sich für das nächste Mal einen noch höheren Pass vor.

**PAVIAN** – Affe mit Radfahrer-Gesäß.

**PICKNICK** – Der Versuch, in freier Natur, auf hartem Boden oder wackligen Klappstühlen, in Gesellschaft von Ameisen, Fliegen und Wespen, unter Zuhilfenahme von Papptellern und -bechern eine teils kalte, teils zerquetschte Mahlzeit zu sich zu nehmen und sich dabei ebenso wohl zu fühlen wie zu Hause vor dem Fernseher.

**PILSEN** – Für Deutsche mit dem Fahrrad nur schwer erreichbarer Ort. Dagegen kann man Pilsener erstaunlicherweise hierzulande überall antreffen.

**POLIZEI** – Uniformierte Truppe, die einen von Gehwegen und aus Parks vertreibt, aber nie zur Stelle ist, wenn man von anderen Radlern unvorschriftsmäßig überholt wird.

**PROFI** – Einer, der so ähnlich aussieht wie die Freizeit-Rennradler, ein ver-

# P

**PANNE** – Ebenso regelmäßig wie unerwartet eintretende Unterbrechung des geplanten Tourenablaufs. Erste Zeugnisse über dieses Phänomen sind aus dem alten Rom überliefert, wo es besonders bei Zirkusveranstaltungen an der Tagesordnung zu sein schien („pannen et circenses“).

**PARASIT** – Windschatten-Fahrer.

**PASS** – Höchste Stelle einer Gebirgsstraße mit bis heute ungeklärter Anziehungskraft auf Rennradler und Mountainbiker. Beim Anstieg sind sie drohendem Herzinfarkt und Kreislaufkollaps ausgesetzt, bei der Abfahrt den Folgen von Unterkühlung.
Wer all das übersteht, ist sehr stolz

PROFI

RADDAMPFER

gleichbares Gerät benützt, ebenfalls über Berg und Tal fährt und dafür auch noch bezahlt wird. Die Unterschiede – doppelt so hohe Geschwindigkeit, fünfmal längere Strecken – sind dagegen nicht so wichtig.

**PROVIANT** – Bestandteil der Radtour, von dem das Gelingen des Unternehmens ebenso sehr abhängt wie von der Fahrtroute und vom Wetter. Demzufolge reden bei seiner Zusammenstellung auch alle mit – was zu einem harmonischen Nebeneinander von Leberwurst, Gummibärchen, Kartoffelsalat, Cola, harten Eiern, Müsli, Bier, kaltem Schnitzel, Marmorkuchen und anderen nahrhaften Sachen führt.

**PROZENT** – Messeinheit für Steigungen und für Alkohol. In beiden Fällen führen höhere Prozentzahlen zu unsicherer, wackeliger Fahrweise. Absteigen ist deshalb angeraten. Während jedoch die Alkoholprozente durch ein kleines Schläfchen zumindest zum Teil abgebaut werden können, sind die Steigungsprozente nach dem Erwachen immer noch da. Versierte Radfahrer machen in solchen Fällen einfach kehrt und verwandeln so die Steigungs- in Gefälleprozente.

**PUMPEN** – Volkstümliche Bezeichnung für das Beschaffen finanzieller Mittel zum Kauf eines teuren Fahrrads.

**PUNKT, TOTER** – Einzige Art von Punkt, die sich in die Länge zu ziehen vermag und eine zeitlich bestimmbare Linie bildet. Beim Radfahren beginnt er in der Regel eine Viertelstunde nach Abfahrt und dauert bis kurz vor der Rückkehr.

# R

**RADAR** – System zur Feststellung überhöhter Geschwindigkeit. Aus noch ungeklärten Gründen wurden

RADFAHRER

jedoch bis heute selbst extrem schnelle Radler davon nicht erfasst. Offenbar werden die Radarstrahlen von Radlern nicht reflektiert; das US-Verteidigungsministerium soll deshalb bereits einen Forschungsauftrag erteilt haben.

**RADDAMPFER** – Nicht mehr ganz taufrische, durch die Zufuhr von Sahnetorten in die Breite gegangene Radfahrerin.

**RADFAHRER** – Spezies von Lebewesen (homo pedalensis), aufgeteilt in zahlreiche Unterarten, die alle durch einen mehr oder weniger stark ausgeprägten Bewegungsdrang gekennzeichnet sind. Außerdem sind sie immerwährenden Mutationen unterworfen, wodurch sich zum Beispiel der Ausflugsradler in einen Rennradler oder Mountainbiker verwandeln kann und umgekehrt.
Allen dreien ist gemeinsam, dass sie mit zunehmendem Alter zum so genannten Picknick- oder Alibiradler mutieren, der sich durch langsamere Fortbewegung, kurze Wegstrecken und häufige Nahrungsaufnahme von den anderen unterscheidet.
Das letzte Entwicklungsstadium erreicht der homo pedalensis dann in Form des Bildschirmradlers (homo pedalensis televisionis), der vor dem Fernseher die Leistungen anderer kommentiert und dabei von seinen eigenen vergangenen Großtaten berichtet.

**RADIOLOGE** – Fahrradwissenschaftler. (Siehe Seite 65.)

**RADLERMASS** – 1. Einteilungsschema für Radfahrergrößen.
2. In Bayern ein nicht nur bei Radfahrern beliebtes Getränk (hochdeutsch: Radfahrerliter), das je zur Hälfte aus Bier und klarer Zitronenlimonade besteht.
Nur wer nach dem Genuss zweier solcher Maßen noch in der Lage ist, die Sudelfeld-Höhenstraße zu fahren (18%), gilt in diesem Lande als vollwertiger Rennradler.

**RAD WANDERN** – Gängige und etwas optimistische Bezeichnung für lang andauerndes Schieben.

**RADWEG** – Asphaltierter Streifen zwischen Fahrbahn und Gehsteig, auf dem Radfahrer das Slalomfahren zwischen parkenden Autos und das schnelle Ausweichen und Abbremsen vor Fußgängern üben können. Wird von Rennradlern als Tummelplatz schlapper Langsamtreter konsequent missachtet.

**RAHMEN** – Basisgestell jedes Fahrrads. Daher auch die Redewendung „Aus dem Rahmen fallen".

**RAST** – Unterbrechung des Tretvorgangs, deren körperertüchtigende Bedeutung erst jetzt voll erkannt wurde (siehe „Intervalltraining") .

**RECHTS VOR LINKS** – Grundlegende Verkehrsregel für alle Auto- und Motorradfahrer. Radfahrer sind davon nicht betroffen.

**RENNSATTEL** – Neuzeitliches Folterinstrument.

**ROST** – Heimtückische Seuche, von der, nach einer Inkubationszeit von einem bis zwei Jahren, die meisten Fahrräder befallen werden. Das dafür verantwortliche Virus wird, so der derzeitige Stand der Forschung, hauptsächlich von Autos übertragen. Radfahrern wird daher empfohlen, zu diesen Fahrzeugen immer einen gewissen Sicherheitsabstand einzuhalten, um ein Überwechseln des Erregers zu vermeiden.

**RÜCKSTRAHLER** – Beim Umschauen freundlich lächelnder Radler.

**RÜCKTRITTBREMSE** – Vom Fahrrad in die Politik übernommene Vorrichtung, mit der verhindert wird, dass ein politisch Verantwortlicher trotz gravierender Fehler zurücktreten muss.

# S

**SCHIEBEN** – Gelegentliches Zurückfinden des Radfahrers in die ihm

..GNADE! NICHT DEN RENNSATTEL!
HÄHÄHÄ
RENNSATTEL

SCHRITTMACHER

von der Natur vorgegebene menschliche Fortbewegungsweise. Dies gilt allerdings nicht für Rennradler; schiebende Rennradfahrer gelten wegen des erlittenen Ehrverlusts als akut selbstmordgefährdet (siehe auch „Ehrgefühl“).

**SCHLAGLOCH** – Vergleichbar dem Schwarzen Loch im Weltall: Man wird unwiderstehlich davon angezogen und ist, wenn man es passiert hat, nicht mehr wieder zu erkennen.

**SCHNELLSPANNER** – 1. Quicker Voyeur.
2. Sinnvoller Hebel, durch den ganz schnell ein Rad gegen ein anderes ausgewechselt werden kann. Voraussetzung ist natürlich, dass ein solches vorhanden ist, weshalb der Schnellspanner für viele Freizeitradler erheblich von seinem Sinn verliert.

**SCHRITTMACHER** – Beschleunigt stockende Bewegungsabläufe. Die große Ausführung fährt in Form eines Motorrads vor dem Radler her, die kleine wird in seinen Brustkasten eingepflanzt.

**SCHROTT** – Das Ende aller Dinge.

**SCHUTZBLECHE** – Der sportliche Radler lehnt sie ab. Grundsätzlich. Lieber kommt er, wenn er auf eine nasse Fahrstrecke geraten ist, mit versifftem Trikot und vollgesautem Rahmen nach Hause, als sich derart vorsintflutliche Dinger ans Bike zu schrauben. Manche, nicht so prinzipientreu, klemmen sich die leichten Mini-Schutzbleche an den Rahmen, die sich zu den traditonellen verhalten wie ein Tanga zur Kniebundhose. Aber auch, wie dieser, entsprechend weniger Schutz bieten.

**SCHWEINEHUND, INNERER** – Innermenschlicher Parasit, dessen Versteck bis heute nicht lokalisiert werden konnte. Im Ruhezustand seines Wirts verhält er sich mucksmäuschenstill, bei steigender körperlicher Anstrengung beginnt er eine emsige Wühltätigkeit, die oft mit dem völligen Untergraben der so genannten Moral endet. Alle Versuche,

STOFFWECHSEL

ihn zu täuschen oder zu besänftigen, erwiesen sich bisher als zwecklos. Vorübergehend kann er durch ein ausgiebiges Picknick zum Schweigen gebracht werden, sicherer ist es jedoch, gleich wieder nach Hause zu fahren. Denn da fühlt er sich am wohlsten.

**SIEGER** – Derjenige, der nach einem Radrennen Interviews geben und sich fotografieren und feiern lassen muss, während alle anderen sich ausruhen können.

**SISYPHOS** – Vorläufer des Radfahrers. Wie dieser ein Rad, rollte jener einen Stein ohne erkennbaren Sinn immer wieder einen Berg hinauf.

**SLALOM** – Radsportdisziplin in drei Schwierigkeitsgraden. Als Eingangsstufe gilt der Slalom zwischen Fußgängern, dann folgt der zwischen anderen Radfahrern, und die höchste Leistungsstufe bildet schließlich der Slalom zwischen langsam fahrenden Autos. Leider kommt es in dieser Klasse immer wieder zu Ausfällen, hervorgerufen durch unvorschriftsmäßig auf ihrer Vorfahrt beharrenden Autofahrer.

**SOMMER** – Jahreszeit, in der der Regen warm ist.

**STÄNDER** – Wichtiges Utensil für jeden Radler. In eingeklapptem Zustand kaum sichtbar, zeigt er erst, wenn man ihn benutzt, wozu er fähig ist: nämlich das ganze Gestell vor dem Um- bzw. Zusammenfallen zu bewahren. Ältere Radfahrer neigen oft dazu, seine Pflege zu vernachlässigen, und wundern sich dann, wenn er nicht mehr richtig funktioniert.

**STAU** – Abkürzung für „Stehender Ausflugsverkehr“, also für den an Wochenenden allgemein üblichen Verkehrszustand. Die meisten Radler haben ihre Ausflugslaufbahn als Stau-Steher begonnen.

**STOFFWECHSEL** – Das Wechseln von einem Stoff zum anderen, also zum Beispiel von Pils zu Alt.

**STRASSENGRABEN** – Beliebter Erholungsort für Radfahrer nach dem Be-

STURZHELM

zwingen steiler Abfahrten und enger Kurven.

**STREUSALZ** – Wichtiges, trotzdem oft zu Hause vergessenes Gewürz zum Bestreuen der in der Picknick-Schachtel befindlichen harten Eier.

**STURZ** – Entgegen dem Anschein ein vom Radler genau geplanter schneller Abgang vom Rad, um irgendeiner Gefahr auszuweichen; somit Beweis für hohes fahrerisches Können.

**STURZHELM** – Vorrichtung, dazu bestimmt, den wertvollsten Teil des Radfahrers vor Beschädigungen zu schützen. Trotzdem gibt es immer noch welche, die ungeschützt durch die Pampa pesen. Womit sie zu erkennen geben, dass dieser Teil bei ihnen weniger wertvoll ist.

**SYSTOLE** – Pumpphase des Herzens, bei der das Blut in die Schlagadern gepresst wird. Auf die Systole folgt im Allgemeinen die Diastole, also das Ausdehnen des Herzmuskels. Lässt die Diastole längere Zeit auf sich warten, sollte sicherheitshalber die Radtour abgebrochen und ein Arzt konsultiert werden.

# T

**TACHOMETER** – Unzuverlässiges Instrument: Dafür gibt's jetzt den Fahrrad-Computer (siehe dort).

**TANDEM** – Sinnreiches Gerät zur Vermeidung von Differenzen über die einzuschlagende Fahrtrichtung. Der (oder die) hinten Sitzende ist von jeder Verantwortung hierfür befreit und kann sich voll dem Genuss der vom transpirierenden Rücken des vorne Tretenden nur unwesentlich beeinträchtigten Landschaft hingeben. Von großem Vorteil sind Tandems auch beim Erklimmen von Steigungen: Während der vordere Fahrer kräftig in die Pedale tritt, bremst der hintere und verhindert so das Zurückrollen.

**TOUR DE FRANCE** – Groß angelegte Werbeveranstaltung, bei der als Litfaßsäulen verkleidete Rennfahrer über Berg und Tal gescheucht werden. Die meisten von ihnen verdienen sich noch ein Zubrot als Tester noch unerprobter chemischer Leistungssteigerungsmittel.

**TRAINING** – Häufige Wiederholung einer bestimmten körperlichen Belastung; auf die Dauer langweilig und deshalb für den gesunden Radfahrer entbehrlich.

**TRITTFREQUENZ** – Pedalumdrehungen pro Minute. In ihrem tieferen Sinn ist die T. den Fünfjahresplänen im ehemaligen Ostblock verwandt: Man nimmt sich immer das Doppelte dessen vor, was man nachher zu leisten imstande ist.

**TRETLAGER** – Englisches Spezialbier für Radfahrer. Von dem dort weit verbreiteten „Lager-Beer“ wurde eine spezielle Variante für Radler gebraut, das „Tret-Lager“; gewissermaßen also eine englische Radlermaß.

**TRIKOT** – Nur böse Zungen behaupten, die bunten, schicken Trikots der Rennradler würden für diese die gleiche Bedeutung haben wie das Gefieder für den Pfau. In Wirklichkeit dienen die bunten Leibchen ausschließlich dem Zweck, ihre Träger besser sichtbar und damit weniger überfahrbar zu machen.

# U

**ÜBERHOLEN** – 1. Einem allmählich aus den Fugen gehenden Fahrrad mit Hilfe von Öl und Lack wieder den Anschein von Funktionstüchtigkeit verleihen.
2. Ein Vorgang, der aus zwei grundverschiedenen Teilen besteht: Überholen und überholt werden. Was das Überholen angeht, so ist es die natürliche Konsequenz der Tatsache, dass es immer noch Radler gibt, die so müde durch die Gegend

..ER FÄHRT BEI DER TOUR DE FRANCE!
BIKE
TXT
SPORT RAD
SPORT

schleichen, dass sie besser daran täten, zu Fuß zu gehen. An ihnen sportlich-zügig vorbeizuziehen, ist eine Selbstverständlichkeit.
Anders verhält es sich mit dem Überholtwerden. Es geht von einer Spezies von Radfahrern aus, die davon überzeugt sind, alle anderen würden müde durch die Gegend schleichen, und die deshalb, aus reinem Geltungsdrang glauben, an einem vorbeiziehen zu müssen. Obwohl man doch weiß Gott schon einen respektablen Zahn drauf hat.

**ULLRICH, JAN** – Anhänger des so genannten Winterdepot-Trainings. So wie andere Radsportler am Abend vor dem Rennen Spaghettiberge in sich hineinschaufeln, um ihre Kohlehydrat-Depots aufzufüllen, so macht er das den ganzen Winter über (nicht nur mit Spaghetti) und sammelt so ein ansehnliches Vorratspolster für die folgende Rennsaison an. Der Erfolg dieser Methode ist im Frühling an diesen auch mit freiem Auge leicht erkennbaren Polstern deutlich abzulesen.

**UMWEG** – Den geraden Weg kann schließlich jeder nehmen. Deshalb herrscht auf diesem auch der größte Verkehr. Der gewiefte Radler fährt darum einen Umweg (meist instinktiv und nicht mal absichtlich) und kommt so ruhig und ungestört ans Ziel. Und weil die Fahrt auf dem Umweg ja länger dauert, sind die anderen, wenn er endlich die Ausflugsgaststätte erreicht, schon wieder weg. Das Essen zwar auch, aber solche Kleinigkeiten übergeht er souverän.

**UNFALL** – Unerwarteter, oft mit Schaden für Rad oder Fahrer verbundener Zwischenfall, an dem grundsätzlich immer die anderen schuld sind.

**UNISEX** – 1. Wenn zwei das gleiche Outfit spazieren fahren. Damit soll für alle sichtbar gemacht werden, dass sie zusammengehören. Oder es zumindest glauben. Irgendwann kauft sich einer der beiden dann ein neues Trikot. Eines, das ganz anders aussieht. Und mit dem er endlich auch allein fahren kann.

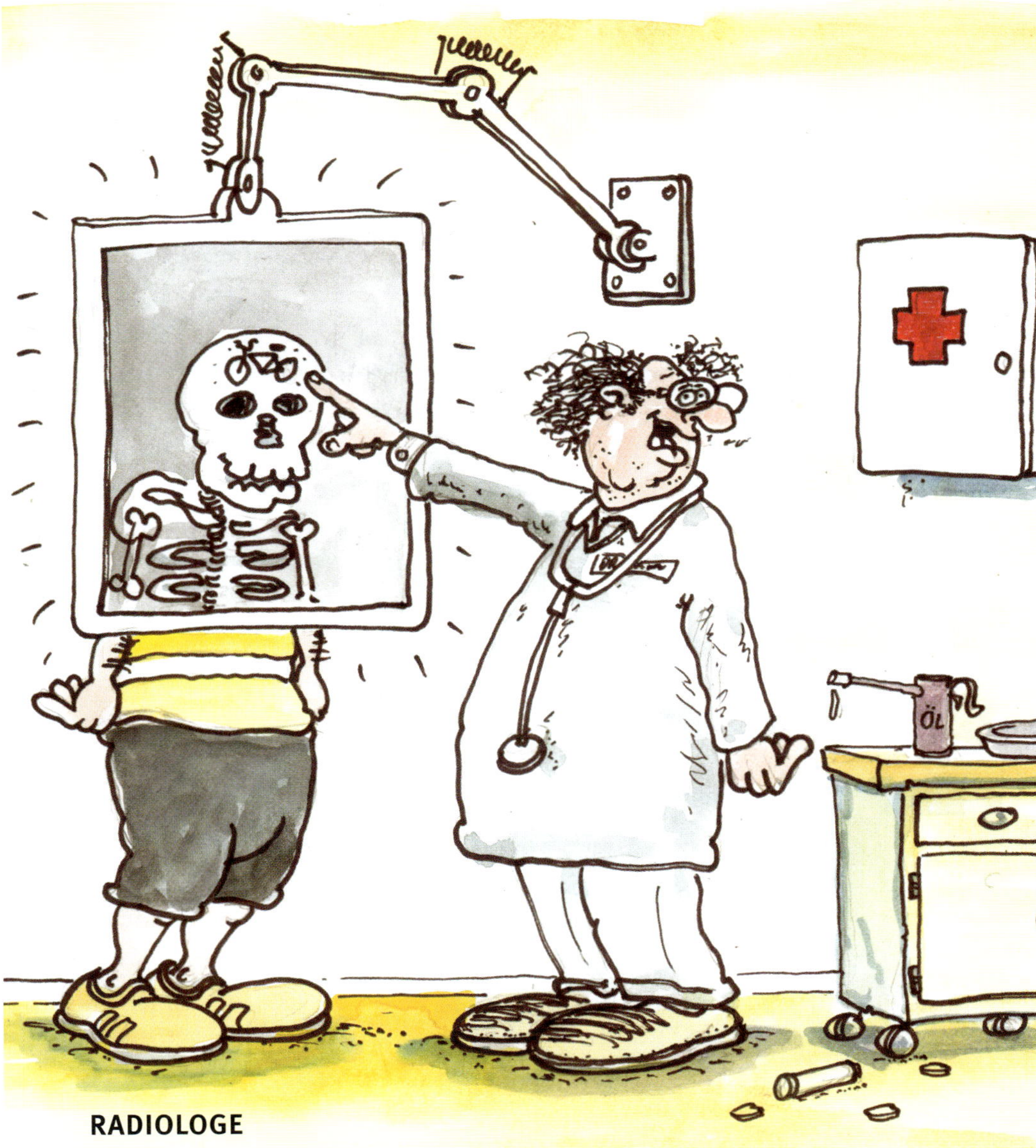


RADIOLOGE

2. Rad-Modell, das sowohl für sie als auch für ihn gedacht ist. Aber wer setzt sich schon auf ein Rad, das auch für einen anderen gedacht ist?

**URLAUB** – Die schönsten Wochen des Jahres, während derer man irgendwo in der Sonne brät, in nicht ganz sauberem Wasser herumplanscht, fremdländische Nahrung zu sich nimmt und von den schönen Radtouren träumt, die man nach der Rückkehr machen wird.

# V

**VENTILKAPPE** – Radfahrer-Kopfbedeckung mit Belüftungsöffnungen.

**VERKEHR** – Gesamtheit all dessen, was sich auf den Straßen abspielt. Da dies sowieso das absolute Chaos ist, meidet der vernünftige Radfahrer von vornherein jeden Verkehr.

**VERKEHRSAMPEL** – Regelt mittels verschiedenfarbiger Lichter den Auto- und Motorradverkehr. Für Radfahrer nur in Ausnahmefällen verbindlich.

**VERKEHRSZEICHEN** – siehe „Verkehrsampel".

**VORBAU** – 1. Teil des Renn- oder Sportlenkers. Durch den nach vorn verlegten Ansatzpunkt finden die Radlerhände einen besseren Halt.
2. Teil der Radlerin. Durch den nach vorn verlegten Ansatzpunkt finden die Radlerhände einen besseren Halt.

**VORFREUDE** – Sie spielt im Leben des Radfahrers eine wichtige Rolle. Eine ganze Woche lang freut er sich auf die Radtour am Wochenende. Während der Fahrt freut er sich auf die Pause. Und nach der Pause auf die Heimkehr.

VERKEHR

# W

**WADEN** – Eigentlicher Antriebsapparat jeden Radfahrers.

**WAHRHEIT, AUGENBLICK DER** – Moment, in dem der Radfahrer durch intensive Betätigung seiner kleinen grauen Zellen folgende Faktoren zueinander in Beziehung setzt: Länge der Reststrecke, innerer Schweinehund, vor ihm liegende Steigungen und stärker werdendes Durstgefühl. Der Beginn dieser Überlegung wird meist durch den Satz „Fahr doch nicht so schnell, ich will die Landschaft genießen“ eingeleitet. Ihr Ende kennzeichnen die Worte: „So, jetzt reicht‘s. Wir kehren um.“

**WALKMAN** – Schiebender Radfahrer.

**WIEGETRITT** – 1. Fußbewegung, mit der man den plärrend in der Wiege liegenden Nachwuchs zum Schweigen bringt.
2. Fahrstil an Steigungen. Durch die aufrecht stehende Position versucht der Radfahrer, möglichst früh das Ende der Steigung zu erkennen.

**WIND** – Beim Radfahren grundsätzlich von vorne kommende Luftbewegung.

**WINDSCHATTEN** – Unsichtbares Kielwasser schnell fahrender Radler mit beachtlicher Anziehungskraft auf müde Mitfahrer (s. auch „Parasit“).

**WOLKEN** – Drücken sich bei der Abfahrt scheinbar harmlos am Horizont herum, um sich dann genau in dem Augenblick, in dem man am weitesten von einem schützenden Gasthaus entfernt ist, zu entladen.

SIEGER

ZEIT

# Z

**ZAHN** – 1. Steiler: Jugendliche Radlerin von ansprechendem Äußeren, die fürs Radfahren viel zu schade ist.
2. Enormer: Hohe Geschwindigkeit, die alle anderen vor Neid erblassen lässt (kommt vor allem in Erzählungen über eigene Radler-Erlebnisse vor).
3. Spitzer: Teil des Ritzels, das wiederum Teil des Zahnkranzes ist – welcher dafür sorgt, dass die nachlassende Wadenkraft möglichst optimal in Vorwärtsbewegung umgewandelt wird.

**ZEIT** – Wie seit Einstein jedes Kind weiß, eine variable Größe. Der Radler braucht sich also bei der Angabe der Zeit, die er für eine bestimmte Strecke benötigt hat, nicht sklavisch an die Angaben seiner Uhr zu halten, sondern kann hier den Umständen entsprechend variieren, insbesondere was die Hinzufügung von Zeitgutschriften angeht.

**ZWEITRAD** – Statussymbol des etablierten Radfahrers, das noch immer nicht von der Steuer abgesetzt werden kann.

**ZWISCHENSPURT** – Vorübergehendes Aufflackern der Lebensgeister.

RAD FAHREN SOLL JA GESUND SEIN!!!